AF224542

RAPPORT

SUR

L'EXPLOITATION DU CAOUTCHOUC

EN

AFRIQUE OCCIDENTALE FRANÇAISE

Par Yves HENRY,

DIRECTEUR D'AGRICULTURE,
INSPECTEUR DE L'AGRICULTURE DE L'AFRIQUE OCCIDENTALE FRANÇAISE

GORÉE

IMPRIMERIE DU GOUVERNEMENT GÉNÉRAL

1906

GOUVERNEMENT GÉNÉRAL DE L'AFRIQUE OCCIDENTALE FRANÇAISE

RAPPORT

SUR

L'EXPLOITATION DU CAOUTCHOUC

EN

AFRIQUE OCCIDENTALE FRANÇAISE

Par Yves HENRY,

DIRECTEUR D'AGRICULTURE,
INSPECTEUR DE L'AGRICULTURE DE L'AFRIQUE OCCIDENTALE FRANÇAISE

GORÉE

IMPRIMERIE DU GOUVERNEMENT GÉNÉRAL

1906

RAPPORT

à Monsieur le Gouverneur Général

SUR L'EXPLOITATION DU CAOUTCHOUC

EN AFRIQUE OCCIDENTALE FRANÇAISE

Dakar, 12 janvier 1906.

Monsieur le Gouverneur général,

J'ai l'honneur de vous adresser, conformément à votre demande, un rapport succinct sur l'état de la « question du caoutchouc » en Afrique occidentale française. Les indications qu'il renferme font partie intégrante de l'étude générale de cette question, qui sera présentée sous forme de notice à l'exposition coloniale de Marseille.

Il ne m'avait pas paru possible, malgré le travail considérable accompli jusqu'à ce jour dans les différentes Colonies du Gouvernement général, de vous présenter plus tôt le résultat de notre action dans ce sens ; les recherches effectuées, les premiers travaux entrepris, étaient encore trop récents pour me permettre d'en affirmer les conclusions ; enfin je n'aurais pu avant une année d'application, vous exposer les résultats de la réglementation intervenue sur l'exploitation et la circulation du caoutchouc. Le but même de ce rapport en indique tout naturellement la division ; dans la première partie j'exposerai la situation de cette question avant les mesures récemment prises ; dans la seconde j'étudierai ces mesures elles-mêmes ; enfin, dans la troisième je rendrai compte des résultats obtenus.

Il vous sera possible, de cette façon, de juger de la coordination des premiers travaux entrepris ainsi que de l'importance à leur donner par la suite.

Les industriels et les négociants qui ont collaboré dans la plus large mesure à l'établissement de leur programme, y trouveront la confirmation des résultats acquis ; le monde colonial intéressé se rendra compte en même temps qu'il y a des difficultés considérables à solutionner la « question du caoutchouc » en Afrique occidentale française, et que cette question est depuis bientôt quatre ans l'objet de toute la sollicitude de l'Administration.

I. — ÉTAT DE LA QUESTION JUSQU'EN 1903

A. — De l'état des peuplements de lianes à caoutchouc.

On peut suivre presque mathématiquement par la lecture des rapports agricoles que dressent les Administrateurs, l'avancement progressif de l'exploitation du caoutchouc au Soudan et en Guinée.

L'occupation française y était à peine établie que déjà des commerçants hardis initiaient les indigènes à la récolte de ce produit et leur en révélaient la valeur.

Au Soudan, c'est d'abord l'Administration qui en vulgarise la connaissance et qui prend le caoutchouc à l'impôt ; puis, bientôt, le commerce s'empare de ce trafic qui va désormais constituer le plus important élément du revenu de la Colonie. C'est ainsi que progressivement, sans attendre que la voie ferrée relie les deux vallées du Sénégal et du Niger, l'exploitation avance rapidement, gagnant tout de suite Koutiala, Bougouni, puis Sikasso, Bobo-Dioulasso et, enfin, toute la Haute Côte d'Ivoire.

En Guinée, un mouvement analogue se dessine, les exploitants gagnent successivement le centre du Fouta-Djallon, Timbo et Labé, puis Kouroussa et Kankan et se rejoignent par Beyla et Odienné à ceux du Soudan central.

Tout cela s'est opéré en très peu d'années, les exportations ont doublé, triplé ; la valeur du caoutchouc sur les marchés s'est accrue elle-même rapidement et est venue aiguiser davantage la convoitise des commerçants.

A cette époque la liane gohine n'est pas encore étudiée au point de vue forestier, c'est à peine si elle est définitivement identifiée au point de vue botanique et l'Administration ne s'est pas encore préoccupée de son exploitation rationnelle.

Cependant quelques avis pessimistes se sont déjà fait jour, quant à l'état des peuplements exploités, aux procédés abusifs employés et au danger qu'ils leur font courir.

A partir de ce moment, tous les rapports administratifs concernant cette question, ne cessaient de dénoncer les maux résultant de l'état de choses existant ; il n'est pas d'Administrateur qui ne s'élève énergiquement contre les abus qui ont pour effet de développer les procédés désastreux d'exploitation que le noir est déjà trop enclin à pratiquer. Soucieux des intérêts qui leur sont confiés, ils se préoccupent de rechercher les moyens les plus efficaces pour réfréner cette exploitation barbare et souvent n'hésitent pas à les appliquer sous leur propre responsabilité.

Ce fut, du reste, là leur seul levier d'action jusqu'à présent, aucune réglementation officielle ne leur permettant d'agir à coup sûr pour la protection des peuplements de lianes, et encore arriva-t-il souvent que, devant les plaintes du commerce, l'Administration dut faire cesser sur certains points l'application de mesures de protection cependant bien légères.

Toute l'attention était, en effet, concentrée sur la préparation du caoutchouc et la répression de la fraude ; les moyens préconisés pour combattre une exploitation abusive manquaient généralement de base scientifique et, il faut bien le dire aussi, étaient alors d'une application bien difficile.

Action administrative. — Aussi l'action des Gouvernements se concentra-t-elle surtout sur l'étude de la production et de la préparation du caoutchouc.

Au Soudan, les premières études présentant un réel intérêt scientifique furent faites par M. Liotard, alors pharmacien de la Marine ; elles furent publiées aux « Archives de Médecine navale » (1889, n° 9).

Puis ce furent ensuite les docteurs Thiroux et Coppin (1892 et 1894), dont les recherches jetèrent un peu de clarté dans la classification des apocynées que l'on rencontre au Soudan.

Puis, enfin, les deux missions remarquables accomplies en 1900 par MM. Hamet et M. A. Chevalier.

Les recherches du premier élucidèrent à peu près complètement, au point de vue préparation et utilisation industrielle, la question du caoutchouc.

Celles du second, faites avec la collaboration de M. Hua, professeur au Muséum, permirent d'établir définitivement la classification botanique des lianes à latex.

En même temps (1899 et 1900), M. le général de Trentinian prenait l'initiative de créer à Kouroussa, seul point où l'on connût bien à cette époque la liane gohine et le moyen d'en extraire le caoutchouc, une école pratique destinée à faire connaître à toutes les populations du Soudan la méthode rationnelle d'extraction de ce produit.

Par ordre du Gouverneur, tous les villages de l'ancien Soudan envoyèrent plusieurs adultes à Kouroussa pour une période variant de huit à quinze jours, pendant laquelle on complétait leurs connaissances sur la liane gohine, la manière de l'inciser, de recueillir le latex et sur les meilleures solutions végétales à employer pour la coagulation.

Moins d'une année suffit pour que plusieurs centaines d'indigènes fussent à même d'éduquer à leur tour leurs congénères et cette mesure eut pour effet de quintupler la production dans l'espace de deux années.

Le caoutchouc préparé était de toute beauté ; il fut vendu au profit des indigènes, qui furent frappés du prix très élevé qu'il atteignit.

Cette institution, si utile à tous les points de vue, cessa de fonctionner vers 1900.

En Guinée, l'Administration paraît s'être intéressée plus tard à l'exploitation des lianes ; il faut cependant signaler la première tentative qui ait été faite en Afrique occidentale française, de repeuplement en lianes par l'indigène. C'est à M. l'Administrateur en chef Noirot que revient cet honneur ; dès 1898 ce fonctionnaire tentait de constituer dans différents villages des « plantations collectives », sorte de communaux, repeuplés en lianes, et dont la propriété appartenait aux villages.

Dans son rapport, M. Noirot raconte qu'il a éprouvé de très grandes difficultés pour en faire accepter l'idée aux Foulahs, et que la plupart des chefs de village lui avaient répondu que les enfants et les singes, très friands des fruits de gohine, se chargeaient d'en assurer la multiplication.

Il signale également les obstacles que l'on rencontre à vouloir constituer des peuplements à l'aide de pépinières et de la transplantation, et conclut que le seul procédé à considérer repose sur la multiplication par semis en place.

Par une circulaire du 12 août 1901, M. le Gouverneur Cousturier rappelle aux Administrateurs de la Guinée les formes que doit revêtir leur action pour la constitution de nouveaux peuplements, et leur enjoint de faire tous leurs efforts pour amener les villages à une telle pratique et pour constituer eux-mêmes, à proximité de leur poste, une plantation modèle. A cette circulaire était jointe une instruction relative à la pratique du repeuplement. Cette instruction, due à M. Teissonnier, directeur du Jardin d'essais de Camayenne, est rédigée d'une manière fort claire et contient à peu près toutes les indications réellement pratiques relatives à la multiplication.

Elle recommande uniquement, et a c raison du reste, la multiplication par semis direct et de préférence dans des régions boisées.

C'est à cet ensemble de mesures que se borna l'action administrative dans le sens du repeuplement ; il faut bien le dire, dans la plupart des cas, les instructions restèrent lettre morte ; on n'était pas encore suffisamment persuadé de l'efficacité de notre action à ce sujet, et les efforts faits pour secouer l'apathie naturelle du noir manquèrent presque toujours de conviction.

Et cependant l'application de mesures radicales s'imposait ; de tous les points de l'Afrique occidentale la même plainte s'élevait : le caoutchouc disparaît, dans quelques années la production baissera régulièrement et avec elle une source très importante de revenus. Nous ne pouvions accepter plus longtemps la continuation de cet état de choses, il fallait agir.

B. — De la qualité des sortes africaines de caoutchouc. Répression de la fraude.

Ainsi que je le disais plus haut, la répression de la fraude du caoutchouc a été, de tous temps, la préoccupation la plus sérieuse du Gouvernement ; la cause principale en était dans les plaintes continuelles du commerce au sujet de la qualité de ce produit.

Habitués par les acheteurs à un système d'exploitation très voisin de la « rafle », les indigènes ne songeaient à apporter aux factoreries que la plus grande quantité de produit, sans se soucier beaucoup de la qualité.

Il est exact de dire que les encouragements les plus directs leur venaient des acheteurs eux-mêmes qui, sous la poussée d'une concurrence effrénée, achetaient tout, afin de réaliser de quelque façon que ce fût, un bénéfice immédiat. La conséquence de tels procédés commerciaux ne tarda pas à se faire sentir ; les sortes africaines se présentèrent bientôt sur les marchés dans de mauvaises conditions de pureté, puis avec des caractères évidents de fraude.

Le commerce se plaignit fortement et l'Administration songea alors à s'opposer à la préparation et à la circulation de caoutchoucs fraudés.

Le premier acte administratif est un arrêté de M. le Gouverneur général Ballay, du 5 mars 1901, pris sur la proposition de M. le délégué permanent Merlaud-Ponty, qui interdit dans toute l'étendue du Haut-Sénégal et Moyen-Niger la circulation du caoutchouc en boules non coupées.

En Guinée, la fraude fut telle qu'un effondrement des cours se produisit qui eut pu mettre en danger les finances locales ; aussi le commerce s'adressant à l'Administration, la pria instamment d'instituer une réglementation sévère, capable de faire cesser un état de choses auquel il avouait ne pouvoir rien changer de sa propre initiative.

M. le Gouverneur Cousturier prit alors, à la date du 22 mai 1901, un arrêté interdisant l'exportation des « caoutchoucs mouillés, fabriqués avec des racines, des caoutchoucs gluants dits Sticky et des caoutchoucs contenant plus de 1% d'impuretés. »

C'était là une réglementation draconienne, car la

faculté d'arrêter la circulation de caoutchoucs contenant plus de 1 %, d'impuretés donnait à l'Administration le droit d'interdire tout mouvement de cette matière.

Néanmoins les bons effets de cette réglementation ne tardèrent pas à se faire sentir ; les cours reprirent un taux normal et sous l'influence d'une surveillance douanière des plus dures, il se constitua une sorte commerciale spéciale le « Niggers rouge Conakry » qui arriva à faire prime sur les marchés.

Devant ce résultat le Gouvernement local, toujours aiguillonné par le commerce, resserra encore plus la réglementation en vigueur et par l'arrêté du 20 février 1903 établit le régime suivant :

La circulation, l'achat, la vente ou le dépôt des caoutchoucs frelatés ou mouillés, dont la sortie était prohibée par l'arrêté du 22 mai 1901, étaient interdits dans toute l'étendue de la Colonie.

Les agents des Douanes et tous autres fonctionnaires désignés à cet effet pouvaient procéder à la visite des caoutchoucs, sur les routes et dans les boutiques accessibles au public où se traitaient les opérations commerciales.

Enfin, les boules ou parties de boules reconnues frelatées devaient être confisquées.

Pour peu que l'on connaisse les habitudes commerciales du centre de l'Afrique, on se rend compte, à première vue, non seulement de l'impossibilité de l'application d'un tel règlement, mais encore des conflits graves qu'une pareille atteinte à la liberté commerciale devait amener.

Il eût fallu un nombre incommensurable de fonctionnaires pour la surveillance du trafic et, de la part des commerçants locaux, une résignation à toute épreuve, toutes conditions irréalisables.

Basée sur une conception trop particulariste des intérêts de la Colonie, ces dispositions amenèrent, dès le début, de graves difficultés en Haute-Guinée. Elles furent résolues à Saint-Louis par une Commission dont vous m'aviez confié la présidence et qui conclut à l'unanimité, après expertise, à la recevabilité des lots refusés à la circulation.

Vous receviez, en même temps, des plaintes très motivées de la part de plusieurs maisons de commerce

importantes, qui demandaient instamment l'établissement d'une réglementation normale.

Par ailleurs, en Casamance et à la Côte d'Ivoire, la circulation du caoutchouc était entièrement libre. A la
faveur de ce régime tout particulier, la préparation du
caoutchouc avait pris une allure des plus critiquables;
les sortes présentées de ces deux provenances, quoique
fabriquées avec le latex des mêmes plantes, étaient à
tous points de vue défectueuses.

En Casamance, les impuretés atteignaient un taux
qui avoisinait la fraude et dont les industriels se plai-
gnaient fortement.

En Côte d'Ivoire, la préparation par l'urine dans des
fosses où le latex est accumulé, donnait et donne encore
les « lumps », si pénibles à travailler et dont le prix
est très inférieur.

Telle était donc la situation au point de vue de la
répression de la fraude : d'un côté une réglementation
d'une sévérité excessive, de l'autre, absence complète de réglementation.

Une réglementation sage devait tenir le plus grand
compte de l'identité des plantes produisant le caoutchouc en Afrique occidentale française, ainsi que de
l'intérêt qu'il y avait à présenter sur les deux marchés
européens de Liverpool et de Bordeaux, les caoutchoucs
africains sous la forme la plus avantageuse, au point de
vue de leur valeur et de la répression de la fraude.

II. — LÉGISLATION INTERVENUE EN 1905

Je ne reprendrai pas dans ce court exposé, l'étude
détaillée de la législation intervenue récemment et dont
la préparation n'a pas demandé moins de deux années
de consultations et de discussions de toute nature.

L'énoncé que j'ai fait dans le premier chapitre montre
suffisamment l'opposition des nombreux intérêts dont
il y avait lieu de tenir compte et, par suite, la difficulté
de trouver des mesures qui les satisfassent tous.

Pour ne rien laisser dans l'ombre et plus particulièrement pour coordonner les desiderata formulés par les négociants et les industriels, vous me chargiez de visiter, au cours de l'année 1904, les places d'Europe où se traite le caoutchouc, ainsi que les fabricants français.

Pendant les quatre mois que dura cette étude, j'eus l'occasion de m'entretenir avec les principaux courtiers français et étrangers et les divers intermédiaires traitant le caoutchouc, de visiter les usines françaises et quelques usines anglaises et belges où se travaille cette matière.

Les renseignements recueillis, joints à l'ensemble des avis émis par les représentants des divers intérêts en présence, permirent de rédiger le projet d'arrêté présenté à la session de 1904 du Conseil de Gouvernement et qui fut publié le 1er février 1905.

Les prescriptions de cet arrêté sont contenues dans cinq articles et se rapportent aux quatre idées directrices suivantes :

I. — Répression de la fraude (Art. 1er) ;

II. — Conservation des peuplements existants (Art. 2 et 3) ;

III. — Constitution de peuplements nouveaux (Art. 4);

IV. — Création d'écoles pratiques de caoutchouc (Art. 5).

Leur rédaction a été conçue dans l'esprit le plus large, de façon à ce que leur application puisse se faire suivant tous les tempéraments, nécessités par l'état actuel des Colonies composant le Gouvernement général.

Je ne saurais mieux faire ressortir le caractère de cette réglementation qu'en reproduisant le texte même de la lettre que vous adressiez à MM. les Lieutenants-Gouverneurs au sujet de l'application de cet arrêté :

« LE GOUVERNEUR GÉNÉRAL DE L'AFRIQUE OCCIDENTALE FRANÇAISE à *Messieurs les Lieutenants-Gouverneurs de la Guinée française, de la Côte d'Ivoire, du Dahomey, du Sénégal et du Haut-Sénégal et Niger.*

» J'ai l'honneur de vous transmettre une ampliation de l'arrêté du 1er février 1905, délibéré en Conseil de Gouvernement et réglementant la circulation du caoutchouc en Afrique occidentale française.

» Cet acte a pour objet de prévenir les adultérations du

produit que pratiquent les indigènes et l'amener rapidement ceux-ci à améliorer leurs procédés de préparation.

» Toute fraude nettement caractérisée, faisant clairement ressortir la mauvaise foi, le dessein de tromper de la part du producteur devra être sévèrement réprimée. Par contre, toute adultération du produit qui ne serait vraisemblablement que le résultat de malfaçons ne devra être poursuivie qu'avec les tempéraments que comportent l'inexpérience et la mentalité des indigènes du lieu.

» Bien plutôt que de décourager les producteurs de bonne foi par des mesures de rigueur, il convient de les avertir, de les conseiller, de les amener à mieux comprendre leur propre intérêt et les profits qu'ils auraient à apporter plus de soin dans leurs procédés de récolte, dans leurs modes de préparation. C'est une œuvre de persuasion et d'éducation à poursuivre qui exige l'intervention incessante des fonctionnaires de tout ordre appelés à servir dans les régions à caoutchouc. Je compte sur leur zèle et leur activité pour multiplier les écoles du genre de celles créées au Soudan pour inviter les indigènes à en suivre les cours en grand nombre, pour les amener à préparer le caoutchouc comme au Para, en plaquettes minces et diaphanes qui permettent la rapide vérification du produit.

» Il est, en effet, à noter que si, pour des raisons de circonstances, l'arrêté n'exige pas que le caoutchouc ne soit présenté à la vente que sous cette forme, ce n'en est pas moins l'objectif vers lequel doivent tendre nos efforts pour, d'une part, supprimer d'une façon absolue toute tentative de fraude, d'autre part, donner satisfaction au désir exprimé par tous les fabricants de caoutchouc.

» Je ne saurais trop vous recommander d'apporter la plus active sollicitude à la création des écoles professionnelles, à la surveillance et à l'extension des peuplements. Le caoutchouc est un produit de haute valeur dont l'utilisation industrielle s'étend chaque année ; c'est une ressource économique de premier ordre et un important élément de revenu pour les finances de l'Afrique occidentale française. A divers titres, il réclame toute l'attention et a droit à tout l'intérêt des pouvoirs publics.

» E. ROUME. »

III. — RÉSULTATS ACQUIS FIN 1905

I. — Répression de la fraude.

Pour mesurer la portée de la réglementation intervenue, il est nécessaire d'envisager séparément les
situations créées de son fait au Soudan, où il n'en existait pas précédemment, et en Guinée, où la législation
ancienne devait être fortement amendée.

SOUDAN

Je dois dire que dans cette région, l'Administration
n'avait pas attendu la publication de l'arrêté pour recommander aux Administrateurs de veiller, aussi attentivement que possible, à ce que les indigènes apportent plus
de soins dans la préparation du caoutchouc et n'y mé-
langent pas des matières terreuses qui en diminueraient
fortement la qualité. La situation des caoutchoucs du
Soudan était, en effet, au cours de la campagne 1904,
devenue fort mauvaise.

MM. Faucher et Chaumel, courtiers de la place de
Bordeaux, avec qui l'Inspection de l'Agriculture est en
rapports suivis, nous faisaient part de leurs craintes très
vives au sujet de la mauvaise qualité des caoutchoucs
« en provenance » du Soudan central, principalement
de Sikasso.

Ces craintes, du reste, n'étaient pas vaines, puisque
les cours baissèrent sensiblement vers le milieu de
l'année.

Le « Twist Soudan », qui valait à Bordeaux, en janvier 1904, 9 fr. 30 — 9 fr. 50 le kilogr., était tombé, en
septembre, à 8 fr. 25 — 8 fr. 80 ; le « Niggers Soudan »
avait lui-même fléchi de 9 fr. 40 — 9 fr. 70 à 8 fr. 25
— 8 fr. 70.

A cette baisse des cours due uniquement à la fraude,
venaient s'ajouter de graves difficultés dans les transac-
tions et dans le règlement des marchés.

Des stocks importants restaient en magasin et ne
trouvaient preneurs qu'aux prix de 4 fr. 50 à 5 francs le

kilog. ; un malaise général pesait sur la place de Bordeaux.

Cette situation était éminemment préjudiciable à la renommée de notre production ainsi qu'à la situation du nouveau marché de Bordeaux, vers le développement duquel se portait toute votre sollicitude.

Vous avez aussitôt demandé au Gouverneur du Haut-Sénégal et Niger de prendre d'urgence les mesures que comportait cette situation ; peu après, l'arrêté réglementant la production et la circulation du caoutchouc entrait en vigueur.

Cet arrêté reçut de tous un accueil des plus favorable, il permettait d'atteindre le but visé sans gêner en quoi que ce soit les opérations commerciales.

Il permit, dès sa publication, de resserrer les mesures déjà prises contre la fraude.

Une amélioration notable se produisit presqu'aussitôt et progressivement, par la localisation des centres où se produisaient encore des adultérations, il nous fut possible, avec le concours de M. Faucher, de porter nos efforts sur les points plus particulièrement défectueux.

Le « Twist Soudan » qui valait 8 fr. 60—9 fr. 20 en janvier atteignait 9 fr. 60—10 fr. 20 en septembre 1905, soit 1 fr. 40 de plus qu'en septembre 1904.

Le « Niggers Soudan » qui valait 9 fr. 40—10 fr. 50 en janvier atteignait 10 fr. 35—11 fr. 20 en septembre 1905, soit 2 fr. 35 de plus qu'en 1904.

Cette amélioration très sensible, obtenue par la seule action de l'Administration et le concours des courtiers français peut et doit encore s'accentuer.

Certains points du Soudan (Haute Côte d'Ivoire), exportent encore une marchandise défectueuse au point de vue de la préparation; il est nécessaire que dans cette région on abandonne la préparation en grosses boules, dont la dessication est impossible et qui arrivent souvent stickées sur le marché; il faut de même que l'Administration locale veille plus attentivement à ce que l'indigène ne mélange pas au caoutchouc, en le préparant, une certaine quantité de matière terreuse.

Le critérium de la qualité des sortes de cette provenance pourrait être le « Niggers Beyla » coté à part dès le mois d'avril 1905, qui valait en septembre 11 fr. 30, 11 fr. 50 le kilogr. et qui représente le plus bel exemple de l'amélioration que l'action administrative peut amener.

GUINÉE

J'ai dit plus haut que le maintien dans cette Colonie de la réglementation du 20 février 1903 mettait en péril le principal élément du trafic commercial de Conakry.

Il n'était pas possible, en effet, d'interdire longtemps encore la sortie par ce port de tout caoutchouc qui n'aurait pas été de première qualité sans faire dévier vers le Sénégal un courant commercial très important. C'eut été du même coup tarir une des sources de revenu du chemin de fer de la Colonie.

Cependant l'application du nouvel arrêté ne pouvait se faire sans certains tempéraments que comportait la situation résultant de l'ancienne réglementation.

Aussi, pour ménager ces intérêts et ne pas compromettre l'intérêt général de la Colonie, il fut convenu après une petite période de flottement, que le caoutchouc de première qualité, le « Niggers Conakry », serait exporté en sacs plombés par la Douane et que l'autre sortirait librement.

Le « Niggers Conakry » valait 10 fr. 80 et 11 fr. le kilog. en janvier 1905 et 11 fr. 10 et 11 fr. 40 en septembre après avoir passé par 11 fr. 35 — 11 fr. 65 en mai.

Conclusions. — Il est donc exact de dire que la nouvelle réglementation a amélioré sensiblement la qualité des caoutchoucs du Soudan et que, tout en établissant en Guinée des pratiques commerciales normales, elle n'a pas porté atteinte à la situation acquise dans cette Colonie.

On ne saurait du reste mieux faire ressortir la portée générale et le caractère de rigoureuse exactitude de cette conclusion, qu'en dressant le diagramme des cours moyens de nos principales sortes de caoutchouc pour les années 1903, 1904 et 1905.

Les courbes qui le composent et qui indiquent les variations mensuelles de la valeur moyenne de ces sortes sur la place de Bordeaux, montrent très nettement, pour les deux périodes de novembre-décembre 1903 et août-décembre 1905, le fléchissement dans la qualité des types soudanais, principalement des « Niggers ».

Les flèches indiquent les prix pratiqués durant ces

périodes pour les sortes très inférieures ou de rebut, soit 5 fr. 50 le kilog. en 1903 et 4 fr. 50 le kilog. en 1904.

En septembre 1904, et conformément à vos instructions, les premiers efforts sont faits pour améliorer le caoutchouc du Soudan. A partir du commencement de l'année 1905 et au fur et à mesure que la place de Bordeaux signalait les centres de fraude, l'Administration locale s'employait à les combattre ; les prix remontent sensiblement, atteignent leur maximum un mois après la publication de l'arrêté du 1er février 1905, qui venait consacrer les mesures déjà prises et assurer la continuité dans leur application.

L'amélioration générale de la production soudanaise est telle que dès le mois d'avril, la place de Bordeaux crée un nouveau type, le « Niggers Beyla », qui constitue la meilleure sorte et suit presque exactement les cours du « Niggers rouge Conakry ».

L'examen du diagramme fait également ressortir d'une façon frappante les effets généraux de l'action administrative sur la tenue générale de la qualité des sortes de l'Afrique occidentale française et, par suite, sur l'amélioration et la régularité des cours.

Sans parler de l'amélioration remarquable des sortes de la Côte d'Ivoire, dont deux, les « Niggers Lahou et Bassam », se classent dès le mois de mars avec les sortes du Soudan, je tiens à faire ressortir l'importance de la régularité de toutes les courbes dont l'allure à partir de mars 1905, indique une stabilité complète dans les qualités.

De cet examen on doit tirer une autre conclusion qui est de nature à nous indiquer dans quel sens doivent se diriger nos efforts pour parfaire l'unification des types que nous produisons.

Je veux parler de la nécessité qui s'impose de faire disparaître, le plus tôt possible, les sortes inférieures telles que les Casamances AM — B — C et les « lumps ». Ces caoutchoucs sont préparés avec les mêmes latex qui donnent, pour le premier cas, le Casamance A.P. valant 8 fr. 40 à 8 fr. 70 le kilogramme et, pour le second, des « Niggers » valant de 8 fr. 50 à 10 fr. 75 le kilogramme.

Dans les deux cas, la dépréciation provient du coagulant employé et de la forme sous laquelle ces sortes sont préparées.

Par la comparaison des prix pratiqués sur la place de Liverpool qui importe la plus grande partie des « lumps », on doit admettre que ce mode de préparation fait perdre environ 3 fr. 50 par kilogramme de caoutchouc exporté.

Si l'on admet que l'augmentation de poids provenant de l'eau incluse dans le lump, et dont il y a lieu de tenir compte, ramène cette perte à 2 francs, cela fait, pour une exportation totale de plus de 1,500 tonnes (lumps et autres sortes), une perte que je n'estime pas à moins de un million de francs.

L'arrêté du 1er février 1905 prévoit qu'au 1er janvier 1907 ce mode de préparation sera interdit ; ce délai sera-t-il suffisant ? il se peut que non.

Dans ce cas, il me parait qu'à cette date il serait possible d'interdire l'exportation du « lump » en gros blocs et d'exiger que ce caoutchouc soit découpé en bandes ou en plaques minces.

En Casamance, la mauvaise qualité des derniers classements de caoutchouc tient à deux causes : la coagulation par l'eau des salines, qui ne constitue souvent qu'une sorte de boue, et la fraude par des matières étrangères.

Il est de toute nécessité de mettre en vigueur, dans cette partie de la Colonie du Sénégal, la réglementation actuelle qui est inappliquée et de faire disparaître les mauvaises sortes qui jettent le discrédit sur l'ensemble de la production de cette région.

Il est, en outre, un point sur lequel je dois attirer votre attention, c'est l'humidité parfois excessive que présentent encore les caoutchoucs de certaines provenances.

L'état défectueux dans lequel ils arrivent sur le marché de Bordeaux, a fait craindre qu'il ne soit le résultat d'une fraude par mouillage, au moment de la fabrication. Je dois vous assurer que là n'est pas toujours la vraie cause et que l'indigène ne doit pas en être rendu responsable.

Le caoutchouc fraîchement préparé est toujours très humide, quel que soit le soin apporté à la coagulation du latex.

L'indigène, toujours pressé de réaliser le fruit de son travail, le porte souvent tel que aux maisons de commerce qui l'achètent ; ces dernières, pour ne pas subir la perte de poids qu'entraînerait la dessication, se pressent de l'expédier dès que leur stock est suffisant ; de sorte que les boules mises en sacs s'agglomèrent rapidement et forment des gâteaux qui retiennent l'eau d'inclusion et arrivent en France, après un long voyage, généralement spongieux, quelquefois en partie stickés.

L'indigène a livré un caoutchouc exempt d'impuretés, mais dans un état peu favorable au transport et exigeant une dessication préalable ; les agents des maisons de commerce savent parfaitement les inconvénients sérieux qu'il y a à le faire voyager ainsi, et si leurs opérations partielles n'en souffrent pas, il n'en est pas de même de celles des maisons-mères. Il n'est pas possible, à mon avis, de concevoir sur ce domaine une intervention administrative, et il n'appartient qu'aux négociants dont les intérêts sont aussi sciemment compromis de rappeler à leurs devoirs les agents qu'ils emploient.

N. B. — La Basse Côte d'Ivoire n'est pas envisagée ci-dessus, la réglementation ne devant intervenir qu'en 1907, pour interdire la préparation du caoutchouc par les liquides fermentescibles (préparation des lumps par l'urine).

II. — Conservation des peuplements existants.

Des deux articles (2 et 3) de l'arrêté du 1er février 1905, visant la conservation des peuplements, c'est surtout le second qui paraît pouvoir donner à l'heure actuelle les meilleurs résultats pratiques.

L'article 2 a trait en effet, au mode de saignée, et ses dispositions ne sont applicables que si l'on prend en défaut les récolteurs. Il a donc plutôt le caractère d'une recommandation qui ne pourra être sanctionnée que dans les cas nécessairement assez rares où des agents de l'Administration pourront saisir sur le fait les exploitants.

Il n'en est pas de même de l'article 3, qui est susceptible d'une application immédiate.

I. — *Interdiction de saigner pendant l'hivernage.*

J'estime que cette disposition devrait être d'une application absolument générale.

Au cours de l'enquête menée sur cette question, il ne

nous est parvenu aucune opinion contraire et, bien plus, les principaux négociants et courtiers en ont demandé l'application, afin de sauvegarder la vitalité des plantes à caoutchouc, en particulier des lianes.

Etant donné que l'indigène apporte son caoutchouc aux factoreries presqu'aussitôt qu'il l'a récolté et que, dans beaucoup de régions, ce sont des récolteurs qui se livrent spécialement à cette besogne, il me paraît qu'il serait aisé d'appliquer cette disposition dont les effets, je le répète, seront excellents.

Au Soudan, en Haute Côte d'Ivoire et en Casamance il en est ainsi, et ce sont les principales régions où les peuplements ont besoin d'une protection efficace.

II. — *Mise en défens des peuplements épuisés.*

A l'heure actuelle, il est un fait acquis, tant par les prospections chaque jour plus nombreuses des agents des services d'Agriculture que par les indications des Administrateurs, que certaines régions qui produisaient autrefois une quantité importante de caoutchouc, et où les lianes étaient très productives, ne donnent lieu maintenant qu'à une exploitation insignifiante.

La cause en est dans une exploitation abusive de ces lianes, qui ont été saignées à refus par les récolteurs et qui, depuis, végètent misérablement, ne donnant chaque année que quelques grêles rameaux poussant sur le vieux bois.

Ces lianes ne meurent pas, mais elles ne produisent pas de caoutchouc et semblent ainsi inutilisables.

Il n'en est cependant pas ainsi, et les constatations faites par les agents de culture, dans les différentes Colonies, nous permettent de poser dès à présent le principe de la régénération des peuplements épuisés.

Si l'on coupe une liane rez-terre, on voit dès l'année suivante des bourgeons latents situés sur la souche se développer et donner rapidement des pousses qui, d'après les observations faites, seraient exploitables vers la dixième année au plus tard. La même liane, saignée à refus, prendrait un aspect broussailleux et ne serait utilisable dans aucune de ses parties, le vieux bois étant épuisé et les jeunes rameaux d'une grosseur toujours insuffisante.

Si l'on songe que les lianes venues de semis ne

paraissent pas pouvoir être exploitées utilement avant la douzième et la vingtième année, il y a un sérieux avantage à pratiquer le recépage dans tous les peuplements épuisés.

Il y aurait donc lieu, en s'appuyant sur l'expérience acquise dans les différentes Colonies par les Services techniques, de mettre en défens les peuplements reconnus épuisés et de faire pratiquer le recépage. Il va sans dire qu'il y aura tout intérêt à profiter de cette mise en défens, pour y constituer de nouveaux peuplements ou réserves de plantes à caoutchouc.

Conclusions. — L'application des dispositions relatives à la conservation des peuplements n'a été faite jusqu'ici qu'en Guinée, sur une très petite surface.

Il y aurait lieu d'appeler l'attention de MM. les Lieutenants-Gouverneurs sur la nécessité de mettre, dès à présent, sous la sauvegarde administrative les peuplements qui sont reconnus ne donner qu'un faible rendement ou même qui ne sont plus exploités.

Il ne serait pas rationnel de constituer de nouveaux peuplements et de ne pas habituer l'indigène, dans la mesure du possible, à une exploitation mesurée et à des habitudes de conservation.

III. — Constitution de nouveaux peuplements.

Malgré le soin que nous pouvons apporter à la conservation des peuplements, il n'est pas possible d'espérer les maintenir dans leur état actuel, et en limitant là nos efforts nous nous condamnerions à voir ces peuplements progressivement s'appauvrir.

D'autre part, il est du devoir d'une Administration prévoyante d'accroître les ressources naturelles, et il n'en est pas de mieux désignée que celle qui m'occupe.

Aussi, de divers côtés a-t-on fait des efforts réels pour établir de nouveaux peuplements. S'ils ne sont pas plus étendus, cela tient à deux causes : la première réside dans la recherche de leur mode de constitution et dans l'établissement d'une collaboration aussi étroite que possible entre l'indigène et l'Administration.

Cette œuvre doit, en effet, passer par une période préparatoire, pendant laquelle les Administrations locales ont à concilier les exigences de cette prescription avec l'état de la propriété et la mentalité si variable des indigènes.

Dans ce sens, il ne faut pas précipiter notre action, sous peine de rebuter le noir ou même de nous heurter à des difficultés insurmontables.

La seconde cause tient à la constitution encore récente des services d'Agriculture et à la nécessité d'acquérir une expérience locale qui jusqu'ici faisait défaut.

Nous avons tout d'abord reconnu que, loin de poser en principe absolu la constitution des peuplements par les lianes à caoutchouc, il fallait dans bien des cas leur préférer des arbres, notamment l'Hevea, le Funtumia, le Céara et peut-être le Castilloa.

Cette conclusion résulte d'une enquête faite sur les divers points du Gouvernement général, par l'Inspection de l'Agriculture et complétée par une mission accomplie par mon adjoint, M. Adam, au Dahomey, au Lagos, au Congo français et au Congo belge, laquelle n'a pas demandé moins de six mois, et enfin, d'une prospection de la Casamance, accomplie tout récemment par M. Geoffroy, chef du service d'Agriculture du Sénégal.

Dans la constitution des peuplements de lianes, il a été unanimement reconnu que les procédés de multiplication par bouturage, marcottage et semis en pépinière, puis transplantation, étaient à rejeter.

Ces procédés qui n'ont, en effet, rien de forestier, ont le grave tort de ne donner qu'une réussite très imparfaite et, en exigeant une main-d'œuvre éclairée et des soins particuliers, de rebuter complètement l'indigène, par conséquent d'aller à l'encontre de notre but.

Il a été constaté également que les semis faits en terrains découverts avaient peu de chance de résister dans les premières années aux sécheresses, très fréquentes au Soudan, par exemple, et qu'il fallait se limiter au repeuplement des régions plus ou moins boisées, par semis direct au pied des arbres qui, plus tard, servent de tuteurs. C'est sur ces bases que notre action reposera à l'avenir.

L'enquête faite au sujet du Céara nous a montré que cette essence est susceptible de nous rendre de très utiles services, pour le boisement de régions où il tombe en moyenne plus de 0^m80 d'eau et qui ne sont pas soumises à des vents violents. En Guinée, notamment, où les sables gréseux impropres aux lianes occupent des surfaces importantes, il pourra être précieux.

En ce qui concerne les arbres producteurs de caoutchouc, j'estime que nous devons les utiliser pour les peuplements partout où ils rencontrent des conditions favorables de végétation.

Tout en ne demandant pas plus de temps que les lianes pour arriver à l'exploitabilité, ils présentent le gros avantage d'être, dès la troisième ou quatrième année, à l'abri de la dent du bétail et, plus tard, d'être beaucoup plus résistants qu'elles aux procédés abusifs de récolte du latex.

En Casamance, le Céara végète admirablement bien et donne un fort rendement dès la sixième année.

Des divers essais effectués il résulte que dans les conditions indiquées ci-dessus un Céara de 6 ans donne au moins en moyenne 150 grammes de caoutchouc par an.

Les échantillons de caoutchouc de Céara de diverses provenances (Guinée, Casamance, Soudan) n'ont pas été cotées en France à moins de 8 fr. 50 le kilogramme.

Les spécimens bien préparés ont atteint 10 francs le kilogramme ; à l'Exposition de Marseille figurera un lot important de Céara provenant de Casamance.

Cette question qui ne paraît pas présenter d'intérêt pour le Sénégal sera reprise activement dès cette année.

En Guinée on a tenté plus spécialement la culture de l'Hévéa et du Castilloa ; au Dahomey celle du Funtumia, toutes plantes intéressantes.

A la fin de l'année 1905, l'état des peuplements effectués était le suivant :

GUINÉE

Dans le Fouta-Djallon, la propagation des lianes ne rencontre pas auprès des habitants un grand empressement ; les Foulahs n'exécutent qu'avec une certaine contrainte les semis que l'Administration s'efforce de multiplier.

La surface semée à la fin de l'année 1905 peut être évaluée à environ 40 hectares ; beaucoup de Commandants de cercle estiment que cette étendue à planter annuellement est de beaucoup trop faible, et dès cette année les travaux seront repris sur une base plus large.

Les semis ont été plus importants dans le Baleya et l'Oulada, où M. Brossat, agent de culture, évalue la surface plantée sous sa direction à environ 70 hectares.

M. Bardou, autre agent de la Haute-Guinée, rapporte que tous les villages qu'il a visités entre Kankan et Siguiri ont effectué des plantations, ce qui représente une superficie plantée très importante.

J'insiste particulièrement sur les résultats acquis dans les régions soumises directement à l'action des agents de culture et sur la conclusion qui s'en dégage, que nous devons en multiplier le nombre pour arriver rapidement à généraliser les repeuplements.

Pour donner l'exemple aux indigènes et leur montrer la meilleure façon de procéder, les Commandants de cercle ont fait établir des plantations modèles. Ces plantations occupent des surfaces variables.

Plus d'un hectare à Benty, à Kankan, à Boké; plus de deux hectares à Boffa et autres nombreuses résidences.

Enfin, les trois plus intéressantes à signaler sont celles de Kollangui couvrant huit hectares occupés par 8,000 lianes, celle de Faranah de 10,000 lianes et, enfin, celle établie par M. Caille à Konria contenant 6,000 lianes.

L'emplacement choisi à Faranah avait été planté en 1899 par M. Lescure mais, faute de soins, la plupart des lianes périrent ; il n'en restait, en 1904, que 392 dont quelques-unes seulement au pied d'arbres de soutien.

Ces dernières sont formées de quelques tiges de 8 à 10 mètres de long et de 8 centimètres de circonférence à la base, alors que les premières végètent en buisson et présentent des ramifications nombreuses mais de faible diamètre.

Ceci est une nouvelle preuve que la gohine a une croissance considérablement plus rapide lorsqu'elle peut s'accrocher à un support et que l'on doit toujours choisir de préférence les régions boisées pour la constitution des peuplements.

En Moyenne et Basse Guinée le service local d'Agriculture s'est employé activement au cours de 1905 à constituer le noyau des premières plantations qui prendront, en 1906, une très grande extension.

La plantation de lianes établie à Tabouna se trouve à flanc de coteau et comprend deux hectares ; il a été planté également 900 Castilloas et 100 Heveas.

Un gardien emprunté au personnel de la station de Kindia reste sur les lieux et est chargé de surveiller les nouvelles pépinières d'arbres à caoutchouc.

Les défrichements sont terminés à la nouvelle station de Kindia dont la superficie est de sept hectares et la pépinière contient déjà 2,000 castilloas.

Les plantations établies à la Côte ne sont que l'amorce de travaux beaucoup plus importants prévus pour cette année.

A Boké, une surface de quatre hectares est déjà boisée ; elle porte 500 Heveas et 600 Castilloas et des lianes gohines. Le sol qui la forme situé à 20 minutes du poste à proximité du Rio-Nunez, légèrement en pente, profond et argilo-silicieux, n'est recouvert par les eaux, en hivernage, que dans sa partie la plus basse.

Les Heveas ont été placés à l'endroit le plus humide, les Castilloas immédiatement après.

Par ailleurs, 325 Heveas et 200 Castilloas ont trouvé asile sur un terrain préparé autour du poste nouvellement construit à Forécariah, sur les rives de la Mellacorée. Les alluvions de ce fleuve, légères, très riches en humus et d'une grande profondeur sont extrêmement fertiles, les heveas y trouveront des conditions très favorables.

Cette plantation a été augmentée d'un semis d'environ 1,000 Landolphias récoltés à Camayenne.

Des difficultés de transport n'ont pas permis de poursuivre les mêmes travaux à Boffa ; il y a été néanmoins expédié 1,700 graines de Landolphias.

A Camayenne, les plantations ont été établies en vue d'étudier l'influence de l'écartement entre les arbres et l'usage des plantes à caoutchouc comme porte-ombre pour le caféier et le cacaoyer.

Dans ce but, 3 carrés d'une superficie de 8,570 mètres carrés ont été plantés de 311 Castilloas aux distances de 4 mètres, 5 m. 50 et 6 m. 50.

Tout à côté, 306 Heveas occupent une surface de 4,312 mètres carrés, divisée en trois portions, où les intervalles entre chaque arbre sont de 4, 6 et 8 mètres.

En résumé, en comptant les arbres mis en bordures d'allées, les cultures de Camayenne comprennent en plus 326 Heveas et 350 Castilloas, et dans toute la Colonie 1,251 Heveas et 1,250 Castilloas soit en tout 2,501 arbres.

Il n'a pu être fait davantage cette année; en effet, s'il a été récolté 20,000 graines d'Heveas au Jardin d'essais, la Colonie n'en a gardé que 3,000, le reste ayant été distribué à des colons, à la Casamance, au Jardin colonial et au Dahomey.

Il faut donc compter, pour cette année, que la Colonie utilisera entièrement la fructification prochaine, qui sera sensiblement plus abondante que la précédente et qu'elle possédera, à la fin de l'année, au moins 25,000 heveas de plus.

En ce qui concerne le Castilloa, dont la végétation est parfaite en Basse et Moyenne-Guinée, la fructification se fait de janvier à juin.

En 1905 la récolte très abondante a donné 35,000 graines ; 10,000 ont été cédées à un colon, 2,800 envoyées à l'intérieur et le reste semé à Camayenne, où il existe actuellement, en pépinières, plus de 20,000 plants de huit à dix mois.

Vous pouvez, par ces chiffres, vous rendre compte, Monsieur le Gouverneur général, que le premier effort en Guinée a été très important ; je crois qu'étant données les difficultés du début il ne pouvait l'être davantage.

Vous pouvez, par ce premier pas, estimer le résultat de la campagne en cours, étant donné que cette Colonie possède, sur son sol, tous les éléments de repeuplement et un service d'Agriculture déjà bien organisé.

HAUT-SÉNÉGAL ET NIGER

Cette Colonie a été la première à songer à la constitution de peuplements de lianes et les premières tentatives ont été faites dans les centres où fonctionnaient des écoles pratiques de caoutchouc : Banfora, Bobo-Dioulasso, Sikasso, Bougouni, Koutiala.

Les plantations les plus importantes ont été faites à Banfora où, en 1905, 95,000 graines de gohino furent semées en pépinières et 160,000 en place définitive, en paquets distants de quatre mètres les uns des autres.

Un semis de 2,000 graines fut également effectué à Tagalédougou et à Sindou ; une superficie de 11 hectares fut débroussée et semée en place définitive.

Il résulte de cette première tentative qu'il faut abandonner le procédé du semis en pépinières et de la transplantation, qui est en tous points mauvais et qu'il faut éviter autant que possible les semis en terrains découverts.

Il a été procédé également à l'installation d'un grand nombre de petites plantations modèles à proximité des postes, de telle sorte que l'on doit estimer à environ 1 million le nombre de jeunes gohines existant à la fin de 1905.

D'un autre côté, il a été fait une tentative des plus intéressantes, sur des bases tout à fait rationnelles, dans le cercle de San, sous la direction de M. Bervas, agent de culture.

Avec l'aide des indigènes, il a été constitué dans les villages des cantons de Diéli, Diéli-Zangasso, Kimparana et Moribila, des peuplements par semis direct, au pied d'arbres tuteurs, sur des surfaces importantes.

Des excellents résultats obtenus par ce procédé, ainsi que des enseignements que nous ont fourni les essais de Guinée, il faut conclure que pour la constitution de ces peuplements, il doit exister entre l'autorité administrative et les agents de culture une entente aussi étroite que possible et que l'appui le plus entier de la première étant acquis, leur établissement et leur surveillance doit être le fait d'agents compétents chargés spécialement de ce travail.

Il ne peut pas être question d'instituer un corps de gardes indigènes forestiers, le moment étant proche où nos moniteurs seront suffisamment nombreux pour assurer économiquement, sous l'autorité des agents de culture, le fonctionnement des écoles pratiques de caoutchouc et la surveillance des peuplements.

CÔTE D'IVOIRE

La Haute-Côte d'Ivoire seule permet actuellement le repeuplement en lianes à caoutchouc ; les essais ont été faits en 1905 dans la région de Kong.

Dans la circonscription de Korhogo les plantations suivantes ont été établies par semis direct :

à Korhogo	5,000	lianes ;
Sniématialé	3,000	—
Fellékessédougou	4,000	—
Kassiré	3,000	—
Papara	3,000	—
Kolia	4,000	—
Kouto	4,000	—
Sodioulso	3,000	—
Siempurgo	3,000	—
Tengrela	4,000	—
Boundiali	3,000	—
Yérikielé	3,000	—
Nganahoni	3,000	—
Odienné	2,000	—
Kaniasso	3,000	—
Signilo	3,000	—
Kimbirila	2,000	—

Soit en tout 55,000 lianes environ.

Dans le district de Korhogo, vingt cantons, non dénommés ci-dessus, ont préparé des terrains pour y créer des plantations au printemps 1906.

Dans la circonscription de Dabakala, cinq plantations ont été établies par semis direct :

à Bembélédougou	1,000	lianes ;
Sokola Sobara	2,000	—
Satana Sokoro	1,000	—
Darakoloudougou	1,000	—
Safandougou	1,000	—

Soit en tout 6,000 lianes environ.

Dans la circonscription de Séguéla quatre plantations ont été établies également par semis direct :

à Faragouna	16,000	lianes ;
Dassa	12,000	—
Kamalo	2,000	—
Onorofoula	2,000	—

Au total 32,000 lianes environ.

Enfin, dans le district de Touba, le nombre de lianes plantées en 1905, par canton, est le suivant :

à Barala	8,000 lianes ;
Forentela	6,000 —
Borotou	4,000 —
Kaoua.....................	6,000 —
Koro	8,000 —
Mahou.....................	31,000 —
Santa.....................	3,500 —
Teiré.....................	8,000 —
Toura.....................	3,000 —

Au total, 77,500 lianes environ.

Il résulte encore, des comptes rendus de ces tentatives, que les résultats des bouturages ont toujours été nuls et ceux des repiquages très mauvais ; le semis direct a seul permis de conserver les peuplements.

Une autre conclusion s'en dégage ; c'est qu'un sérieux effort a été fait dans cette région et que les résultats eussent été bien plus marqués, si la direction des plantations avait été confiée à des agents techniques, dont les Administrateurs sont unanimes à souhaiter la collaboration.

DAHOMEY

Au Dahomey il a été encore fait peu de chose ; le service d'Agriculture n'existait pour ainsi dire pas, et M. Savariau a dû se consacrer uniquement aux essais cotonniers.

Une petite plantation de Funtumia a été établie à Torricada par les soins de cet agent, et une pépinière d'Hevea a été créée.

En même temps, mon adjoint, M. Adam, faisait la prospection du Dahomey et relevait les points où il existe des peuplements naturels de lianes et de Funtumia.

Il constatait que le Dahomey, dans sa plus grande partie, constitue un milieu excellent au développement des arbres à caoutchouc, Funtumia et Hevea, et se rendait ensuite au Lagos et au Congo pour apprécier les travaux accomplis dans ce sens par les Anglais et les Belges.

A la suite de ces premières études, vous avez cons-

titué définitivement le service de l'Agriculture au Dahomey, en y plaçant trois agents sous la direction de
M. Savariau.

Un de leurs rôles important, en 1906, sera, conjointe-
ment avec l'établissement des essais cotonniers, la constitution de peuplements d'arbres à caoutchouc.

CASAMANCE

Enfin, il convenait de faire commencer la prospection
de la Casamance.

En fin 1904, un agent de culture y fut envoyé pour
établir la station de culture de Mangacounda et nous
donner quelques indications agronomiques sur le pays.

En 1905, M. Geoffroy, chef du service d'Agriculture
du Sénégal, s'y est rendu, afin d'étudier ce qu'il y avait
à faire, tant dans le sens des cultures cotonnières déjà
entreprises que dans celui de l'exploitation du caoutchouc.

De sa mission il résulte que cette région, délaissée
presque complètement jusqu'ici, est un centre important d'exploitation de la liane gohine, exploitation qui
ne fera que se généraliser avec le temps, et que, d'autre
part, les arbres à caoutchouc Hevea et particulièrement
le Céara y végètent admirablement bien. Un petit essai
de saignée, exécuté sur la plantation de Céara de
Sédhiou, n'a fait que nous confirmer davantage dans
l'excellence du caoutchouc produit et dans l'utilité qu'il
y aurait à propager cette essence.

L'adjonction d'un nouvel agent de culture, qui a été
prévue pour 1906 et dont la nécessité se faisait vivement
sentir, nous permettra, au cours de la campagne prochaine, de solutionner définitivement cette question.

Tel est, à la fin de 1905, l'état de la question des peuplements de plantes à caoutchouc. En dehors des enseignements techniques que l'on peut en tirer, se dégage
la nécessité absolue de laisser à l'action locale toute
l'initiative possible.

Etant donnée la diversité des milieux et, par suite,
des formes à adopter dans l'action, ce serait une faute,
et les rapports des Lieutenants-Gouverneurs en témoi-
gnent constamment, que de ne pas persister dans la
marche suivie jusqu'à ce jour, qui permet aux Administrations locales d'utiliser à leur façon et sous la direc-

tion du Service technique, toutes les initiatives qui peuvent utilement concourir au résultat final.

D'autre part, étant donné qu'à l'heure actuelle le mouvement est devenu général, il faut compter que dès la fin de 1906 nous aurons obtenu des résultats suffisamment saillants pour amener tous les intéressés à la conviction qui nous anime nous-mêmes.

Conclusions. — Il résulte de ces diverses indications que la campagne 1905 a été utilisée principalement pour la détermination des meilleures méthodes de constitution des peuplements.

Les expériences ont porté sur des étendues suffisantes et ont donné des résultats d'une concordance telle, qu'il est dès à présent possible d   'r résolument dans cette voie.

IV. — Création d'écoles pratiques du caoutchouc.

Le rôle de ces écoles est déterminé par les considérations exposées ci-dessus et s'applique tant à la préparation du caoutchouc qu'à la constitution de nouveaux peuplements.

Au Haut-Sénégal et Niger ces écoles fonctionnent :

1° Du 1er juin au 31 juillet ;

2° Du 1er octobre au 31 décembre.

Pendant la première période dite « période de culture », les cours portent sur la plantation et la culture de la gohine.

Dans la période d'automne dite « période de récolte », on apprend aux élèves à récolter le latex et à préparer le caoutchouc.

Ces écoles fonctionnent à Banfora, Bobo-Dioulasso, Sikasso, Bougouni et Koutiala. A la station de Banfora sont spécialement formés les moniteurs qui doivent ensuite enseigner dans les écoles pratiques.

Les écoles pratiques des cercles fonctionnent sous le contrôle des Administrateurs qui déterminent le nombre d'enfants que doit envoyer chaque village pendant les sessions successives qui durent de quinze à vingt jours chacune.

A chaque session les élèves sont groupés en sections

de vingt, sous la conduite de moniteurs. Ces groupes
opèrent dans des centres déterminés, choisis d'avance,
sous la surveillance d'un employé européen (adjoint ou
commis des Affaires indigènes, instituteur ou sous-offi-
cier).

Pendant chaque période d'instruction, les surveillants
européens ont droit à une indemnité mensuelle de
40 francs. Ils envoient mensuellement au Chef du service de l'Agriculture et sous le couvert du Commandant
de cercle, un rapport sommaire sur le fonctionnement
de l'école et toutes les observations intéressantes qu'ils
peuvent réunir.

Ces rapports sont souvent très intéressants par le
pittoresque de l'application des principes généraux mis
en pratique et mettent bien en évidence les nombreuses
difficultés de l'application. Quelques-uns sont publiés
au *Journal officiel* de l'Afrique occidentale française et
sont bien faits pour montrer ce que l'on peut tirer des
initiatives personnelles, à quelque ordre qu'elles appar-
tiennent.

Pendant leur séjour à l'école les jeunes indigènes ont
droit à la ration quotidienne de vivres (mil, sel, viande);
les moniteurs reçoivent une allocation mensuelle de
30 francs.

Le caoutchouc récolté est vendu au titre des recettes
en atténuation des dépenses du chapitre de l'Agriculture.

Cette institution fonctionne donc dès à présent d'une
façon normale et courante ; elle a déjà donné, de l'avis
des Administrateurs et des commerçants, d'excellents
résultats.

Elle sera progressivement généralisée et ses effets
seront de nature à nous permettre une application facile
des dispositions de l'arrêté du 1er février 1905.

A la Côte d'Ivoire il a été également, au cours de
l'année 1905, institué un enseignement pratique du
caoutchouc à l'aide de moniteurs venant de Bonfora.

Il était en effet urgent, en Haute Côte d'Ivoire, d'arrêter la destruction des lianes et de faire produire un
caoutchouc de qualité supérieure ; ce résultat est déjà
acquis dans de nombreux cantons et les moniteurs, tout
en continuant l'instruction des indigènes, s'occupent de
continuer les plantations déjà commencées.

Il y aura lieu du reste, à brève échéance, d'en augmenter le nombre et de les faire diriger par des agents techniques européens.

Au cours de l'année 1905, les moniteurs ont été répartis chacun dans des cantons où le chef mettait à leur disposition le plus grand nombre possible d'élèves pris dans tous les villages.

Le moniteur se rend avec eux dans une région peuplée de lianes et leur enseigne le meilleur procédé de récolte et de coagulation du latex.

A la fin du mois, le moniteur rentre avec ses élèves, rapportant tout le caoutchouc récolté lequel, après avoir été examiné par le Commandant du district, est vendu par le chef du canton aux factoreries de la localité.

La valeur est la propriété du chef de canton qui en remet une partie à titre de gratification aux élèves les plus méritants.

Les élèves ainsi formés se répandent ensuite sur les divers points caoutchoutiers du canton et s'y livrent à la récolte pour le compte de leurs villages respectifs.

Conclusions. — L'institution des écoles pratiques est donc à tous points de vue recommandable et a déjà donné d'excellents résultats.

Il y a donc lieu de la généraliser aux autres Colonies dès à présent ; je crois pouvoir dire que, dans ce sens et là où elles n'existent pas encore (au Dahomey et en Guinée), ce devra être une des premières préoccupations du service de l'Agriculture.

Yves HENRY.

Gorée. — Imprimerie du Gouvernement général.